PREMIÈRES LEÇONS

OU

INTRODUCTION

A L'ÉTUDE DU CHANT.

PREMIÈRE PARTIE : PLAIN-CHANT.

DEUXIÈME PARTIE : CHANT MODERNE.

A L'USAGE

des Écoles Normales, des Écoles Primaires et des Salles d'Asile,

PAR

Joseph Mainzer.

PARIS,

CHEZ PITOIS-LEVRAULT ET COMP.,

81, RUE DE LA HARPE.

1839.

Imprimerie de Moquet et Comp., 90, rue de la Harpe.

Le Plain-Chant repose sur le même système de notation que le chant moderne. L'intonation est la même pour tous les deux ; donc, ceux qui connaissent le plain-chant connaissent les premiers éléments de la musique moderne. Cependant, bon nombre d'instituteurs et d'enfants-de-chœur savent le premier et ignorent qu'ils en peuvent faire l'application à la musique ordinaire.

Les PREMIÈRES LEÇONS serviront de guide aux uns et aux autres. Au moyen de ce petit alphabet musical, l'enseignement du chant, qui a été prescrit aux Écoles primaires par l'ordonnance ministérielle sera rendu clair, facile et à la portée des plus jeunes enfants.

Elles sont destinées à servir de préparation à l'étude d'un art qu'avant peu il ne sera permis à personne d'ignorer, pas même aux petits élèves des écoles de village.

L'instituteur, surtout, y puisera les premières notions d'un enseignement dont la connaissance est devenue maintenant indispensable pour l'exercice de ses fonctions.

Aussitôt que le cercle dans lequel se renferme ce petit ouvrage lui deviendra trop circonscrit, dès que le peu de règles, le peu d'exercices qu'il contient ne lui suffiront plus, il trouvera, dans l'**Abécédaire**, un cours de chant plus complet et les principes de la musique enseignés par *demandes et réponses*, ainsi qu'un grand nombre d'exercices avec et sans paroles.

Les **Mélodies enfantines**, ou *Recueil de chants faciles, destiné aux Salles d'asile et aux Écoles primaires*, lui four-

1

niront, de même que la **Bibliothèque élémentaire**, une riche collection de chants à une, deux ou trois parties pour l'Église et l'École : tels que **le Bon Ange, la Fauvette, le Cantique des Alpes, le Berger, l'Hirondelle, l'Appel à la Prière, l'Orphelin**, et beaucoup d'autres, où poésie et musique sont proportionnées aux forces et à l'intelligence du jeune âge.

L'instituteur, après avoir vaincu les premiers obstacles et chanté les premières mélodies avec ses petits élèves, comprendra déjà toute la portée de cet enseignement, toute la puissance qu'il exerce sur le caractère et le moral de la jeunesse, et il reconnaîtra que le chant est le côté riant, le côté poétique de l'école; non seulement il embellit, par son charme indicible, les premières années de l'enfant, mais il lui fait éprouver de si douces émotions que le reste de la vie ne peut les effacer ; car sa mémoire conservera toujours le souvenir des petites mélodies et des hautes leçons qu'elles accompagnaient, et son cœur restera sous l'impression des pensées morales, des sentiments généreux qu'elles auront fait naître en lui.

Puisse ce petit manuel musical atteindre son but en facilitant les premiers pas de l'instituteur, et l'initier à une branche d'éducation qui, jusqu'à présent, lui était restée étrangère, et qu'il devait regarder comme accessible seulement à la classe fortunée ! Une nouvelle génération nous prouverait bientôt les merveilles que le chant opère sur tous les hommes, et sa place serait irrévocablement fixée dans toutes les écoles sans distinction d'âge, de rang ou de sexe.

Joseph Mainzer.

PREMIÈRES LEÇONS

OU

INTRODUCTION A L'ÉTUDE DU CHANT.

PREMIÈRE PARTIE.

LE PLAIN-CHANT.

§ 1.

DES SONS.

La Musique se compose de **SONS**.

Le chant fait partie de la musique.

En écoutant un chant, on distingue des sons *bas* ou *graves*, des sons *moyens* et des sons *élevés* ou *aigus*.

On en distingue encore qui ont plus ou moins de durée, des sons *longs* et des sons *brefs*.

§ 2.

DES NOTES.

Pour représenter les sons, on se sert, dans l'écriture musicale, de signes qu'on appelle **NOTES**.

Les notes du plain-chant ont cette forme : ▪, ■, ♦.

On se sert, pour indiquer l'élévation des sons, d'une échelle de quatre ou cinq lignes qu'on appelle **PORTÉE.**

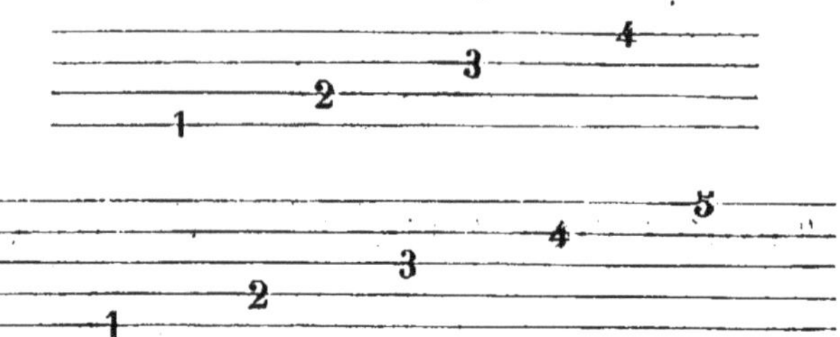

Mais on ne place pas seulement les notes sur ces lignes de l'échelle, on les place aussi entre les lignes. Par exemple :

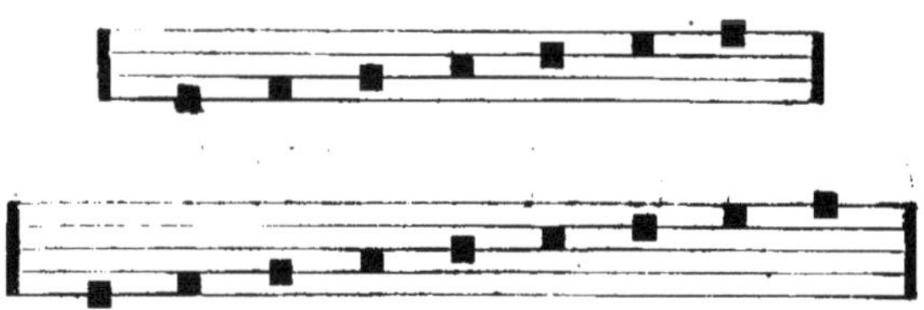

Une note qui est placée haut sur cette portée représente un son haut (ou aigu); une note qui est placée bas représente un son bas (ou grave).

La première règle du chant est donc de suivre les notes écrites sur cette échelle ; de monter avec la voix quand les notes montent, et de descendre quand les notes descendent.

§ 3.

DÉNOMINATION DES NOTES.

On donne à ces notes différentes dénominations pour les distinguer les unes des autres. Ces noms sont :

UT, RÉ, MI, FA, SOL, LA, SI, UT.

Ces dénominations se suivent toujours dans le même ordre, et elles désignent les notes se succédant par degrés de bas en haut ; si donc la note qui se trouve sur la première ligne s'appelle *ut*, celle qui est entre la première et la seconde s'appellera *ré*, celle qui est sur la seconde sera *mi*, et ainsi de suite.

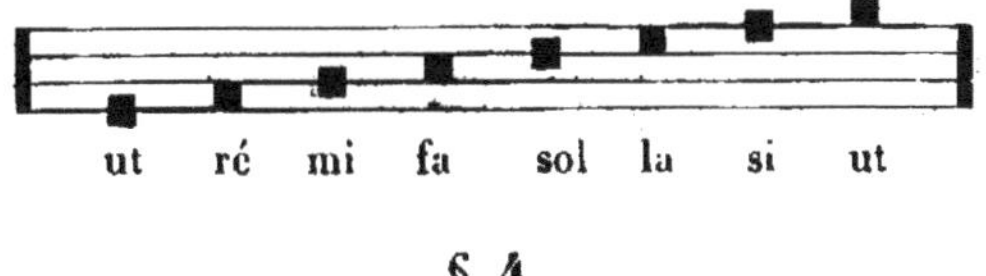

§ 4.

DES CLEFS.

On emploie aussi des signes qu'on appelle **CLEFS**.

Les clefs sont nécessaires pour faire connaître les noms des notes d'après les lignes sur lesquelles ces clefs sont placées.

Il y a dans le plain-chant *deux* clefs :

LA CLEF D'*UT*. .

LA CLEF DE *FA*

Quand on trouve la clef d'*ut* sur une ligne de la portée, alors cette ligne portera le nom d'*ut*. Dès que l'on connaît *ut*, on trouve facilement, en montant par degré, *ré, mi, fa, sol, la, si* et *ut*. Par exemple :

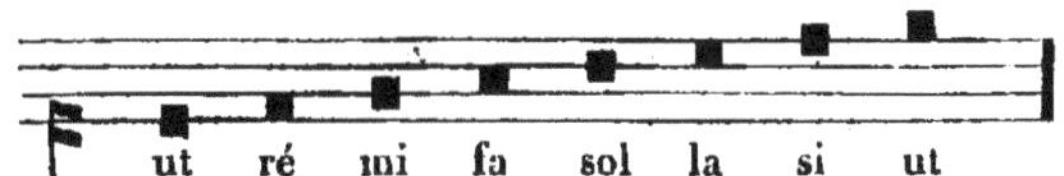

Si on trouve la clef de *fa* sur une ligne de la portée, alors elle donne à cette ligne le nom de *fa*.

Quand on connaît la place qu'occupe le ton de *fa*, on trouve encore, en montant par degré, les notes *sol, la, si, ut, ré, mi, fa*. Par exemple :

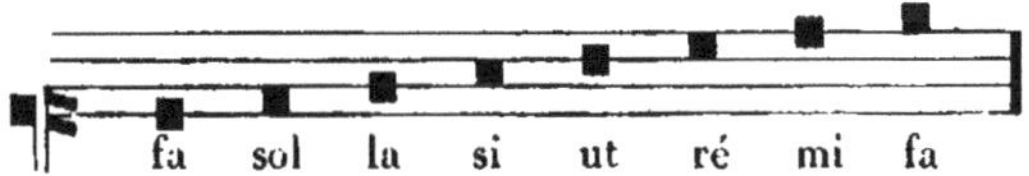

La clef d'*ut*, ainsi que la clef de *fa*, peuvent être placées sur chaque ligne de la portée :

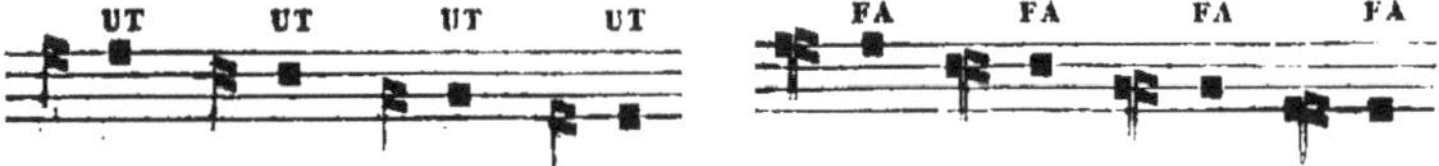

On se sert souvent de toutes les deux pour faciliter la connaissance des notes.

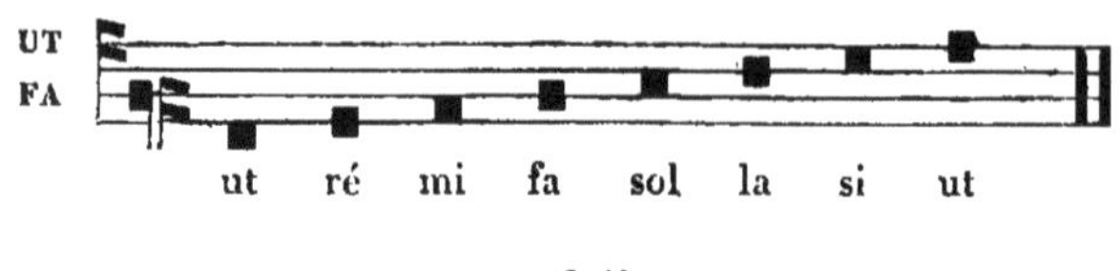

§ 5.

DES TONS ET DES DEMI-TONS.

Quoique la distance d'une note à la note suivante soit la même, il n'en est pas ainsi des sons.

Dans la série des sons :

UT, RÉ, MI, FA, SOL, LA, SI, UT,

les distances de *mi* à *fa* et de *si* à *ut* sont moins grandes que celles de *ut* à *ré*, de *ré* à *mi*, etc.

En chantant cette série de notes avec attention :

On trouvera que la voix marque involontairement le degré de *mi* à *fa* et celui de *si* à *ut* moins grands que les autres.

On appelle cette distance de *mi* à *fa* et de *si* à *ut* **DEMI-TONS**; les autres sont appelés **TONS** ou **TONS ENTIERS**.

Comme il est très essentiel de bien observer les demi-tons, nous les marquerons dans tous nos exercices par ce signe ⌒ comme nous l'avons déjà fait dans l'exemple précédent.

§ 6.

EXERCICES.

2
FA
sol fa sol fa sol sol la sol la sol
3
la sol la sol la la sol la sol fa
4
FA
fa sol la sol fa sol la sol fa
5
la sol fa sol la sol fa sol la
6
FA
fa sol la fa fa sol la fa la
7
la sol fa la la sol fa la fa
8
FA
fa la sol la fa la sol la fa
9
la fa sol fa la fa sol fa la
10
FA
fa la la fa fa la la fa la
11
la fa fa la la fa fa la fa
§ 7.
1
FA
fa mi fa sol fa mi fa sol fa
2
fa mi ré mi fa mi ré mi fa
3
FA
fa mi ré ut ré mi fa sol fa
4
fa sol la sol fa mi ré ut fa
5
FA
fa sol la fa sol fa mi sol fa
6
fa sol fa mi ré ut fa sol la la
7
UT
FA
fa sol fa la ut ut la fa sol fa
8
fa la ut ré ut la fa sol fa mi fa
9
UT
FA
fa la ut si ut ré ut si ut
10
fa la ut la fa sol fa mi fa

§ 8.

§ 9.

DES GAMMES.

La série de sons successifs renfermés entre le premier et le huitième ton s'appelle **GAMME**. Les notes suivantes forment donc une gamme :

Il est aisé de construire ainsi des gammes sur toutes les autres notes. Par exemple, la gamme sur *ré :*

Les gammes se distinguent principalement par la différente position des demi-tons ; dans le premier exemple, qui est la gamme construite sur le ton d'*ut*, les demi-tons *mi* et *fa*, *si* et *ut* se trouvent du 3e au 4e degré et du 7e au 8e de l'échelle.

Dans la gamme construite sur *ré*, les demi-tons se trouvent du 2e au 3e degré et du 6e au 7e :

Les demi-tons se déplacent ainsi chaque fois que la gamme commence sur une autre note.

La principale difficulté du chant est donc de savoir toujours où sont placés les demi-tons.

Pour chanter un demi-ton, comme *mi-fa-mi* ou *si-ut-si*, on élève ou on baisse la voix le moins possible.

§ 10.

EXERCICES DES DEMI-TONS.

§ 11.

DES BÉMOLS ET DES DIÈSES.

Dans le plain-chant moderne, outre les demi-tons *mi-fa* et *si-ut*, on forme d'autres demi-tons au moyen des signes ci-après :

♭ **LE BÉMOL.**
♯ **LE DIÈSE.**
♮ **LE BÉCARRE.**

Le Bémol (♭) *baisse la note devant laquelle il se trouve d'un demi-ton.*

Le Dièse (♯) *hausse la note devant laquelle il se trouve d'un demi-ton.*

Le Bécarre (♮) *remet la note dans son état naturel,* c'est-à-dire comme elle était avant son déplacement par un dièse ou un bémol.

Quand un signe d'altération domine dans un morceau, au lieu de le répéter devant chaque note, on le place une fois pour toutes immédiatement après la clef.

§ 12.

EXERCICES.

§ 13.

DES TONS.

Chaque gamme peut fournir les notes pour composer une mélodie, ou un chant.

Mais comme dans chaque gamme les demi-tons ont une autre place, il s'en suit que chaque mélodie tirée d'une autre gamme aura un caractère différent.

Cette différence des caractères forme ce qu'on appelle la différence de **TONS** ou de **TONALITÉS**.

Dans les premiers temps de l'ère chrétienne, on ne connaissait que quatre sortes de mélodies, ou quatre tons différents :

Le premier, celui qui prend ses notes dans la gamme de RÉ	*ré, mi, fa, sol, la, si, ut, ré.*
Le deuxième dans la gamme de MI .	*mi, fa, sol, la, si, ut, ré, mi.*
Le troisième — de FA .	*fa, sol, la, si, ut, ré, mi, fa.*
Le quatrième — de SOL.	*sol, la, si, ut, ré, mi, fa, sol.*

On appelle ces quatre tons les **TONS AUTHENTIQUES** ou **AMBROSIENS**.

On dit que c'est saint Ambroise qui, le premier, a introduit ces tons dans l'église catholique ; de là vient le nom **AMBROSIEN**.

Plus tard, le pape Grégoire-le-Grand, d'après ces quatre tons, en forma quatre autres appelés tons **PLAGAUX** ou **TONS GRÉGORIENS**.

Ces quatre tons grégoriens sont basés sur les gammes :

1. *la, si, ut, ré, mi, fa, sol, la.*
2. *si, ut, ré, mi, fa, sol, la, si.*
3. *ut, ré, mi, fa, sol, la, si, ut.*
4. *ré, mi, fa, sol, la, si, ut, ré.*

Les tons ambrosiens et les tons grégoriens forment ensemble les **HUIT TONS DE L'ÉGLISE**, dans lesquels se chantent, depuis des siècles, les offices.

§ 14.

TONS PAIRS ET TONS IMPAIRS.

Comme les tons plagaux sont dérivés des tons authentiques, chaque ton dérivé prend, dans l'ordre des tons, sa place immédiatement après celui sur lequel il est formé.

Si donc on intercale entre chaque ton authentique un ton plagal, on obtiendra les chiffres suivants :

I.	Authentiques.	II.	Plagaux.
III.	—	IV.	—
V.	—	VI.	—
VII.	—	VIII.	—

Comme les tons authentiques tombent ainsi sur les chiffres 1, 3, 5 et 7, on les appelle aussi tons **IMPAIRS**, en opposition avec les tons plagaux qu'on appelle tons **PAIRS**.

§ 15.

DISTINCTION DES TONS PAIRS ET IMPAIRS.

La gamme paire ou plagale commence toujours quatre notes plus bas que la gamme authentique ou impaire. Ainsi le premier ton commence sa gamme en *ré* et le deuxième au *la* inférieur ; le troisième commence en *mi*, le quatrième au *si* inférieur, etc

Le ton impair se distingue donc du ton dont il est dérivé par la première note sur laquelle se base la gamme.

Outre cette distinction de la note fondamentale, il faut encore remarquer qu'il y a dans chaque mélodie une note qui se fait remarquer de préférence.

Cette note s'appelle la **DOMINANTE** parce qu'elle domine parmi les autres notes, et caractérise ainsi le ton auquel elle appartient.

Dans les tons authentiques ou impairs, c'est la ***cinquième note*** qui fait la dominante.

Dans les tons plagaux on pairs c'est la *quatrième*.

De là vient la règle des anciens maîtres de chant : qu'il faut, pour connaître le ton dans lequel le morceau est écrit, observer trois choses :

1° La première note d'un chant ;
2° La note finale, et
3° La dominante.

Le tableau suivant donnera un aperçu exact de la différence des tons. On y trouvera les trois notes distinctives, marquées par des notes d'une forme différente.

Avis. Il sera facile à l'instituteur de trouver dans les livres d'office des chants dans tous les tons. Nous lui conseillons de chanter beaucoup avec ses élèves ; c'est l'exercice pratique seul qui donne de l'assurance à la voix et de la fermeté à l'intonation.

§ 16.

DE LA VALEUR DES NOTES.

On distingue dans le plain-chant romain trois sortes de notes : ▀ la **LONGUE**, ■ la **MOYENNE** et ◆ la **BRÈVE.**

On ne faisait cette distinction de notes qu'à cause des syllabes longues et brèves de la langue latine ; on peut cependant fixer la durée de ces notes à peu près comme suit :

La *longue* ▀ *a la valeur de deux moyennes.*

La *moyenne* ■ *a la valeur de deux brèves.*

Souvent aussi on trouve dans les missels ou antiphonaires de l'Église deux notes de différente élévation fondues en une seule, comme :

Pour bien seconder la prononciation des paroles et la respiration du chanteur, on trouve, dans le plain-chant, de petites barres perpendiculaires plus ou moins grandes, selon la durée du repos qu'on veut faire observer par le chanteur, par exemple : | et |

La petite note qu'on trouve à la fin de chaque ligne s'appelle GUIDON ou *guide.* Elle indique au chanteur la première note de la ligne suivante.

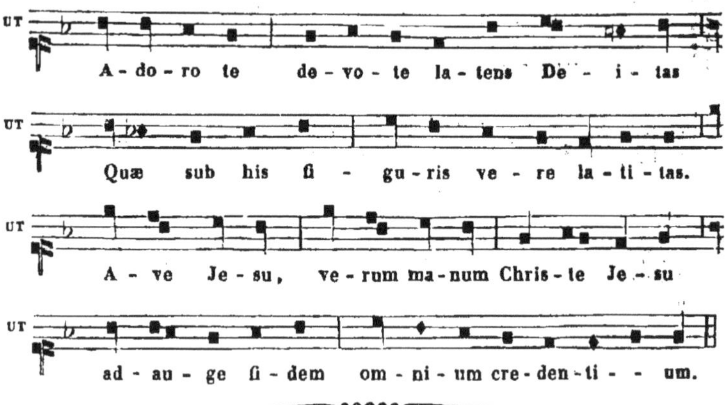

DEUXIÈME PARTIE.

LE CHANT MODERNE.

§ 17.

Après avoir appris le plain-chant, le chant moderne n'offre plus aucune difficulté.

Presque toutes les règles du premier peuvent s'appliquer à celui-ci ; car la musique moderne est née du plain-chant ; la nouvelle écriture musicale repose sur le même système quoique la forme des notes en diffère.

Les notes ont cette forme : 𝅝, 𝅗𝅥, 𝅘𝅥.

§ 18.

Les dénominations des notes sont comme dans le premier :

UT, RÉ, MI, FA, SOL, LA, SI, UT.

Les demi-tons se trouvent aussi de *mi* à *fa* et de *si* à *ut*.

§ 19.

Les trois signes d'altération : le DIÈSE (♯), le BÉMOL (♭) et le BÉCARRE (♮), ont ici le même emploi, les mêmes noms et la même signification.

§ 20.

La musique moderne aussi se sert des clefs d'*ut* et des clefs de *fa* ; mais, dans les écoles d'enfants et les écoles primaires, on ne se sert que d'une seule, et elle ne change jamais de place; ce qui rend la connaissance des notes plus facile.

Cette clef est la *clef de* SOL, et elle a cette forme:

Si la seconde ligne porte le nom de *sol*, la série des autres notes sera donc.

§ 21.

L'intonation de ces notes est la même que celle des notes du plain-chant.

EXERCICES.

§ 22.

3
ut si la sol ut si la sol ut
4
sol la sol ut sol la sol ut sol
5
ut sol la sol ut sol la sol ut
6
sol ut si ut sol ut si ut sol
§ 23.
1
sol fa sol la sol fa sol fa sol
2
fa sol la sol fa sol la sol fa
3
la fa sol fa la fa sol fa sol
4
fa la sol la fa la sol la fa
5
sol fa mi fa sol fa mi fa sol
6
fa mi fa sol la sol fa mi fa
7
mi fa sol la si ut si la sol fa mi
8
mi sol ut sol mi sol ut sol mi
§ 24.
1
la sol fa mi ré mi fa sol la sol fa mi ré
2
ré mi fa sol la sol fa mi ré mi fa sol la
3
sol fa mi ré ut ré mi fa sol fa mi ré ut
4
ut mi sol ut ut sol mi ut ut mi sol ut ut

§ 25.

DE LA VALEUR DES NOTES.

Dans le chant ordinaire, comme dans le plain-chant, on distingue la durée des sons par la forme des notes.

Comme le plain-chant est destiné à être chanté à l'unisson et le chant moderne à deux, trois et quatre parties différentes, ce dernier exige une plus grande attention sur ce point.

Il ne suffit pas ici de savoir qu'une note est plus longue ou plus brève qu'une autre, il faut que l'on puisse dire avec précision de combien une note est plus longue ou plus brève qu'une autre.

La durée des sons s'indique par la forme des notes comme ci-après :

1° 𝅝. . . . . **Une Entière.**

2° 𝅗𝅥 ou 𝅗𝅥 . . . . **Une Demie.**

3° ♩ ou ♩ . . . . **Un Quart.**

4° ♪ ou ♪ . . . . **Un Huitième.**

5° 𝅘𝅥𝅯 ou 𝅘𝅥𝅯 . . . . . **Un Seizième.**

6° 𝅘𝅥𝅰 ou 𝅘𝅥𝅰 . . . . **Un Trente-Deuxième.**

La durée de ces notes est suffisamment indiquée par leurs noms, savoir :

Une ENTIÈRE dure aussi long-temps que {
2 DEMIES.
4 QUARTS.
8 HUITIÈMES.
16 SEIZIÈMES.
32 TRENTE-DEUXIÈMES.

Ainsi, dans le tableau ci-après, la première note dure aussi long-temps que toutes celles contenues dans chacune des lignes qui suivent :

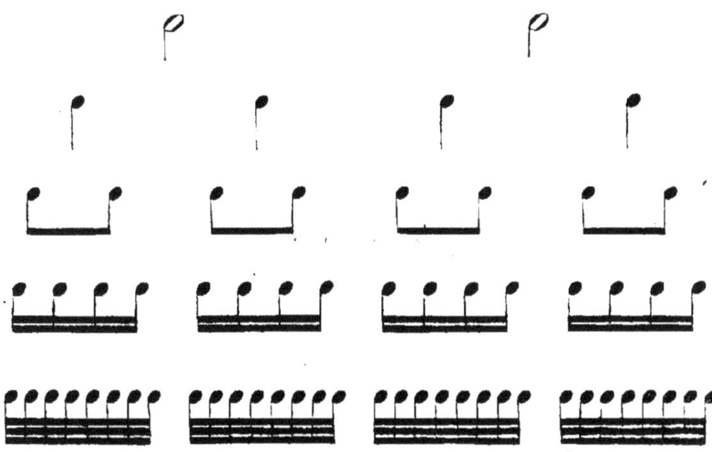

§ 26.

DES PAUSES OU SILENCES.

Souvent une voix s'arrête pendant qu'une autre chante.

Mais, pour savoir quand la voix doit reprendre après ce silence, il faut que ce temps puisse être mesuré.

Cela se fait par des signes qu'on appelle **PAUSES** ou **SILENCES**.

Il y a autant de sortes de pauses qu'il y a de sortes de notes :

La Pause entière	dure aussi long-temps que	
La Demi-Pause	— —	
Le Quart de Pause	— —	
Le Huitième de Pause	— —	
Le Seizième de Pause	— —	
Le Trente-Deuxième de Pause	— —	

§ 27.

DES POINTS ET DES LIAISONS.

On peut prolonger une note ou en réunir deux ou trois en une seule par la liaison ⁀. Par exemple :

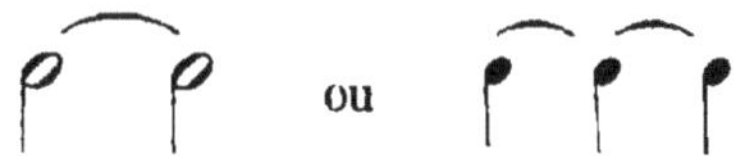

On peut encore prolonger la valeur d'une note en plaçant un point après elle. Par exemple :

Le point prolonge la note qu'il suit de la moitié de sa valeur, ainsi :

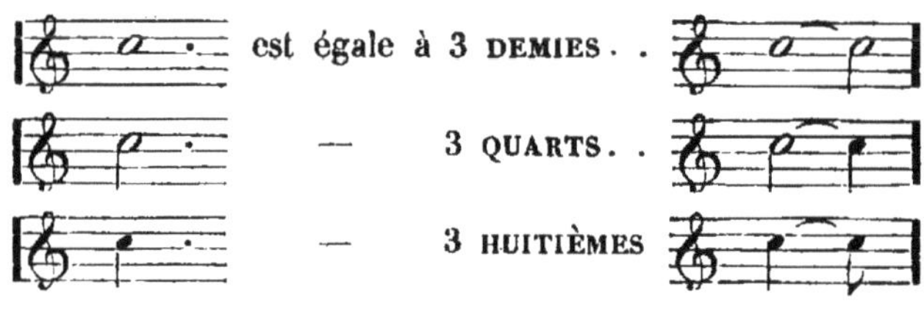

§ 28.

DE LA MESURE.

On peut, par cette connaissance précise de la valeur des notes et des pauses, diviser chaque morceau de musique en petites parties égales qu'on appelle des **MESURES**.

On sépare les mesures par des barres qu'on appelle **BARRES DE MESURE**.

§ 29.

DES TEMPS.

On appelle **TEMPS** les parties qui composent une mesure.

Une mesure qui contient la valeur de deux demies ou de deux quarts, comme :

est une mesure à *deux temps*.

Une mesure qui contient la valeur de trois demies, de trois quarts ou de trois huitièmes est une mesure à *trois temps*.

Il y a aussi des mesures à quatre quarts, à six, à neuf-huitièmes, etc.

§ 30.

INDICATION DE LA MESURE.

On indique la mesure au commencement de chaque morceau par des chiffres posés en fraction, par exemple : $\frac{2}{4}$ ou *deux quarts*. Le chiffre inférieur indique la valeur du temps qui est un *quart*, et le chiffre supérieur qu'il en faut *deux* pour faire une mesure.

Il en est de même avec les mesures $\frac{2}{2}$, $\frac{3}{2}$, $\frac{3}{4}$, $\frac{3}{8}$, $\frac{6}{4}$, $\frac{6}{8}$, $\frac{9}{8}$, $\frac{12}{8}$ et $\frac{4}{4}$, qu'on écrit aussi par C.

§ 31.

EXERCICES SUR LA MESURE A DEUX TEMPS.

§ 32.

EXERCICES SUR LA MESURE A TROIS TEMPS.

§ 33.

EXERCICES AVEC PAROLES.

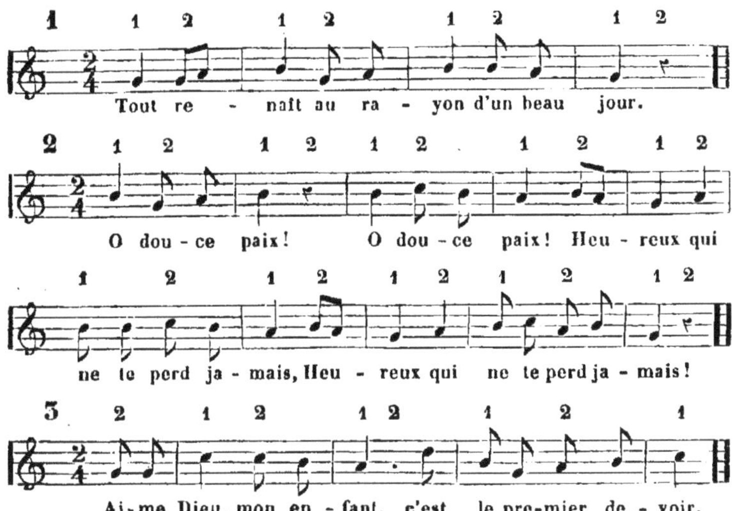

§ 34.

EXERCICES SUR LA MESURE A QUATRE TEMPS.

§ 35.

EXERCICES AVEC PAROLES.

§ 36.

EXERCICES SUR LA MESURE A SIX-HUITIÈMES.

§ 37.

EXERCICES AVEC PAROLES.

3

Des cou - ron- nes é - ter - nel - les at - ten - dent l'homme pi - eux.

4

Le tam - bour qui bat nous ap- pelle au com - bat ; al - lons, sol-dats, dou-blons le pas.

5

Les oi - seaux nous ont quit - tés ; Dé - jà l'hi-ver qui les chas - se E - tend son man-teau de gla - ce Sur nos champs et nos ci- tés, Sur nos champs et nos ci - tés.

§ 38.

EXERCICES AVEC DES PAUSES.

§ 39.

EXERCICES AVEC PAROLES.

2
Co - lè - re, haine; en - vi - e, vrais tourments de la
vi - e, vrais tour - ments de la vi - e.
3
E - vi - te le pé - ché: A
Dieu rien n'est ca - ché, A Dieu rien n'est ca - ché.
4
Qui fait le bien est tou - jours content, est tou - jours con - tent.
5
L'in-tem - pé - ran - ce en - gen - dre mé - pris et re-
mords, en - gen - dre mé-pris et re - mords.

§ 40.

PETITES MÉLODIES.

4
A ton pro - chain fais part de ton bon-
heur Si tu veux qu'il t'as- siste à l'in-stant du mal-heur.
5
Sa - che d'un sot or- gueil bien dé - fen - dre ton
cœur : De mil - le maux il est sou - vent l'au-
teur, De mil - le maux il est sou - vent l'au - teur.
6
A - do - rons Dieu, chan - tons en chœur Son
nom, sa gloire et sa gran - deur, Son nom, sa gloire et sa gran- deur.
7
Fai - sons tou-jours no - tre fé - li - ci - té D'ai-mer le Dieu d'a-
mour et de bon - té, D'ai - mer le Dieu d'a - mour et de bon - té.

8
Ce qui d'un mal d'a - bord a par-
fois l'ap - pa - ren - ce, Est sou-vent quel-que bien que
l'E - ter- nel dis - pen - se, que l'E - ter-nel dis - pen - se.
9
Où la bon - ne foi règne ha - bite aus - si la
paix : Les lieux qu'elle a quit - tés ne pros - pè - rent ja - mais.
10
Un sage en - fant fait tou - jours son de-
voir, Mê - me quand ses pa - rents ne peu - vent le sa - voir.
11
L'o - pi - ni - â - tre - té ne con - duit ja - mais
loin : Cé - dez sans ré - sis - tance et pli - ez au be - soin.

FIN.

Musique typographique
DE TANTENSTEIN ET CORDEL,
90, rue de la Harpe.

9

www.ingramcontent.com/pod-product-compliance
Ingram Content Group UK Ltd.
Pitfield, Milton Keynes, MK11 3LW, UK
UKHW022139260726
13993UKWH00005B/2033